Mon Canada
ALBERTA

Sheila Yazdani

TABLE DES MATIÈRES

Alberta 3

Glossaire 22

Index 24

Un livre de la collection
Les jeunes plantes de Crabtree

Crabtree Publishing
crabtreebooks.com

Soutien de l'école à la maison pour les parents, les gardiens et les enseignants.

Ce livre aide les enfants à se développer grâce à la pratique de la lecture. Voici quelques exemples de questions pour aider le lecteur ou la lectrice à développer ses capacités de compréhension. Les suggestions de réponses sont indiquées en rouge.

Avant la lecture

- Qu'est-ce que je sais sur l'Alberta?
  - *Je sais que l'Alberta est une province.*
  - *Je sais qu'il y a des montagnes en Alberta.*

- Qu'est-ce que je veux apprendre sur l'Alberta?
  - *Je veux savoir quelles personnes célèbres sont nées en Alberta.*
  - *Je veux savoir à quoi ressemble le drapeau de la province.*

Pendant la lecture

- Qu'est-ce que j'ai appris jusqu'à présent?
  - *J'ai appris qu'Edmonton est la capitale de l'Alberta.*
  - *J'ai appris que l'eau du lac Louise est très froide toute l'année.*

- Je me demande pourquoi...
  - *Je me demande pourquoi la rose aciculaire (ou églantine) est la fleur de la province.*
  - *Je me demande pourquoi l'Alberta est la province qui produit le plus d'orge au Canada.*

Après la lecture

- Qu'est-ce que j'ai appris sur l'Alberta?
  - *J'ai appris qu'il est possible de faire de la randonnée dans le canyon Johnston.*
  - *J'ai appris que le mouflon des montagnes Rocheuses représente l'animal de la province.*

- Lis le livre à nouveau et cherche les mots de vocabulaire.
  - *Je vois le mot **capitale** à la page 6 et le mot **glacier** à la page 14. Les autres mots de vocabulaire se trouvent aux pages 22 et 23.*

J'habite à Banff. Ma ville est entourée de plusieurs montagnes.

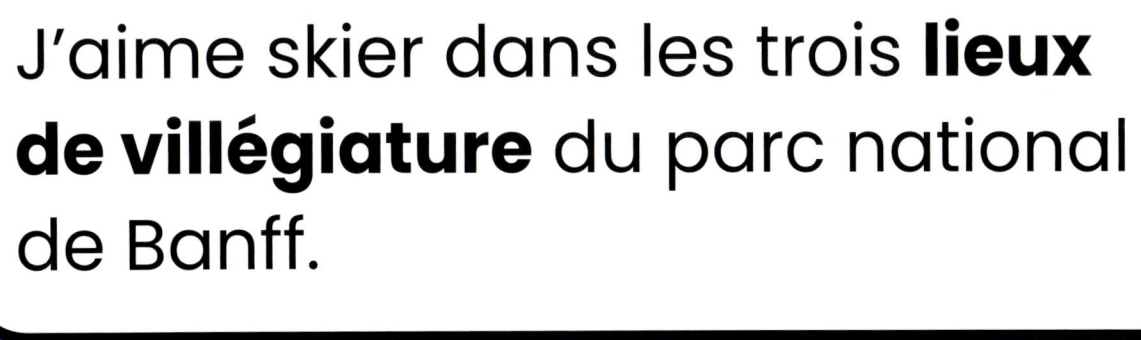

J'aime skier dans les trois **lieux de villégiature** du parc national de Banff.

L'Alberta est une **province** de l'ouest du Canada. La **capitale** est Edmonton.

Fait intéressant : Calgary est la plus grande ville de l'Alberta.

L'animal de la province est le mouflon des montagnes Rocheuses.

La rose aciculaire, aussi appelé églantine, est la fleur de la province.

Fait intéressant : C'est en Alberta que l'on cultive le plus d'orge au Canada.

Le drapeau de ma province est bleu. Les **armoiries** de l'Alberta sont au milieu.

Ma famille et moi aimons regarder les Oilers d'Edmonton jouer au hockey.

Fait intéressant : L'eau du lac Louise est très froide toute l'année.

J'aime me rendre au salon de thé du lac Agnes. Le thé y est délicieux.

La chanteuse Jann Arden est née en Alberta. L'ancien joueur étoile de la LNH Mark Messier est également né en Alberta.

Fait intéressant : Joe Clark, ancien premier ministre du Canada, est né à High River, Alberta.

Observer les étoiles lors du Festival annuel du ciel étoilé (Dark Sky Festival) au parc national Jasper, c'est amusant !

Glossaire

 **armoiries** (ar-mwa-ri) : Un groupe spécial d'images, généralement représenté sur un bouclier

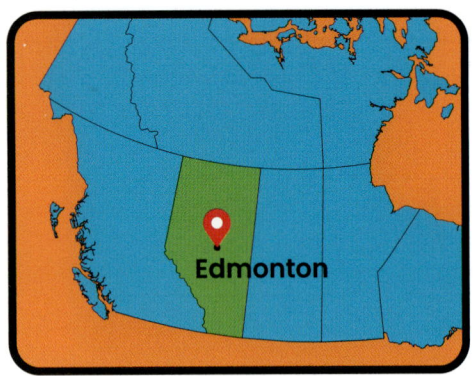 **capitale** (ka-pi-tal) : La ville où se trouve le gouvernement d'un pays, d'un état, d'une province ou d'un territoire

 **glacier** (gla-syé) : Une très grande zone de glace qui se déplace lentement sur une grande étendue de terre

lieu de villégiature (lyeu de vi-lé-jya-tur) : Un endroit où les gens vont en vacances

orge (orj) : Un type de grain

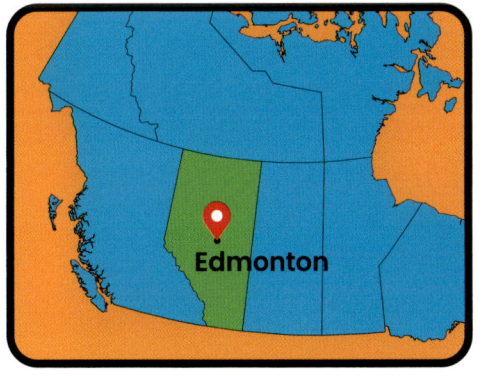

province (prov-ins) : Au Canada, comme dans certains pays, c'est une des grandes zones qui le divise

23

Index

drapeau 12
Edmonton 6
lac Louise 14, 15
Messier, Mark 18
randonnée 17
rose aciculaire 9

À propos de l'auteure

Sheila Yazdani vit en Ontario, près des chutes Niagara, avec son chien Daisy. Elle aime voyager à travers le Canada pour découvrir son histoire, ses habitants et ses paysages. Elle adore cuisiner les nouveaux plats qu'elle découvre. Sa gâterie favorite est la barre Nanaimo.

Autrice : Sheila Yazdani
Conception et illustration : Bobbie Houser
Développement de la série : James Earley
Correctrice : Melissa Boyce
Conseils pédagogiques : Marie Lemke M.Ed.
Traduction : Claire Savard

Photographies :
Newscom: Alex Cave/ZUMAPRESS: p. 13; MORA/Everett Collection: p. 18 right
Shutterstock: Zhukova Valentyna: cover; iacomino FRiMAGES: p. 3; Nick Fox: p. 4; CSNafzger: p. 5, 23; Media Guru: p. 6, 22-23; Menno Schaefer: p. 7; John Raptosh: p. 8; BSG_1974: p. 9; MiriamW: p. 10-11, 22; dugdax: p. 11; Millenius: p. 12, 22; kavram: p. 14-15, 23; Ronnie Chua: p. 15; melissamn: p. 16; NelzTabcharani316: p. 17; Shawn Goldberg: p. 18 left; Art Babych: p. 19; Krishna.Wu: p. 20; Ambrose Fung: p. 21

Crabtree Publishing

crabtreebooks.com   800-387-7650

Copyright © 2025 Crabtree Publishing

Tous droits réservés. Aucune partie de cette publication ne doit être reproduite ou transmise sous aucune forme ni par aucun moyen, électronique, mécanique, par photocopie, enregistrement ou autrement, ou archivée dans un système de recherche documentaire, sans l'autorisation écrite de Crabtree Publishing Company. Au Canada : Nous reconnaissons l'appui financier du gouvernement du Canada par l'entremise du Fonds du livre du Canada pour nos activités de publication.

Imprimé aux États-Unis/062024/CG20240201

Publié au Canada
Crabtree Publishing
616 Welland Avenue
St. Catharines, Ontario
L2M 5V6

Publié aux États-Unis
Crabtree Publishing
347 Fifth Avenue
Suite 1402-145
New York, New York, 10016

Library and Archives Canada Cataloguing in Publication
Available at Library and Archives Canada

Library of Congress Cataloging-in-Publication Data
Available at the Library of Congress

Paperback: 978-1-0398-4337-0
Ebook (pdf): 978-1-0398-4350-9
Epub: 978-1-0398-4363-9
Read-Along: 978-1-0398-4376-9
Audio: 978-1-0398-4389-9